Livre chronologique des recettes de l'auto-entrepreneuse

Conforme aux obligations comptables des auto-entrepreneuses

Auteur : G.C.

ISBN-13: 978-1517424664

ISBN-10: 1517424666

Société : ....

N° Siret : ....

Adresse : ....

..

Rappel des obligations comptables des auto-entrepreneuses :

L'auto-entrepreneuse doit tenir à jour un **livre des recettes encaissées**, ordonné de façon chronologique, contenant les mentions suivantes :

- montant et origine des recettes,
- mode de règlement (chèque, espèces ou autres),
- références des pièces justificatives (numérotation des factures, notes, etc.).

En outre, le **registre des achats** est obligatoire lorsque l'activité consiste principalement à vendre des marchandises, fournitures et denrées à consommer sur place ou à emporter, ou à fournir des prestations d'hébergement.
Il doit récapituler chaque année le détail des achats engagés pour l'activité de l'auto-entrepreneuse et préciser le mode de règlement et les références des pièces justificatives (factures, notes, etc.).

Plafond d'encaissement en espèces :

Afin de lutter contre le blanchiment d'argent, il est interdit à tous les professionnels, ainsi qu'aux particuliers résidant fiscalement en France, de régler en espèces une dette supérieure à 1 000 €.

Commentaire sur la présentation de ce registre :

Il vous est vivement conseillé de reporter le total d'une page sur la première ligne de la page suivante, afin de faire coïncider les totaux par période avec vos déclarations de chiffre d'affaires.

Livre chronologique des recettes de l'auto-entrepreneuse **Période : ....**

Ligne	Date	Référence de la pièce	Client	Nature	Montant	Encaissement (espèces, chèque, virement...)
1						
2						
3						
4						
5						
6						
7						
8						
9						
10						
11						
12						
13						
14						
15						
16						
17						
18						
19						
20						
21						
22						
23						
24						
25						
26						
27						
28						
29						
30						
				Total		

Livre chronologique des recettes de l'auto-entrepreneuse   Période : ....

Ligne	Date	Référence de la pièce	Client	Nature	Montant	Encaissement (espèces, chèque, virement...)
1						
2						
3						
4						
5						
6						
7						
8						
9						
10						
11						
12						
13						
14						
15						
16						
17						
18						
19						
20						
21						
22						
23						
24						
25						
26						
27						
28						
29						
30						
				Total		

Livre chronologique des recettes de l'auto-entrepreneuse **Période : ....**

Ligne	Date	Référence de la pièce	Client	Nature	Montant	Encaissement (espèces, chèque, virement...)
1						
2						
3						
4						
5						
6						
7						
8						
9						
10						
11						
12						
13						
14						
15						
16						
17						
18						
19						
20						
21						
22						
23						
24						
25						
26						
27						
28						
29						
30						
				Total		

Livre chronologique des recettes de l'auto-entrepreneuse   Période : ....

Ligne	Date	Référence de la pièce	Client	Nature	Montant	Encaissement (espèces, chèque, virement...)
1						
2						
3						
4						
5						
6						
7						
8						
9						
10						
11						
12						
13						
14						
15						
16						
17						
18						
19						
20						
21						
22						
23						
24						
25						
26						
27						
28						
29						
30						
				Total		

Livre chronologique des recettes de l'auto-entrepreneuse   Période : ....

Ligne	Date	Référence de la pièce	Client	Nature	Montant	Encaissement (espèces, chèque, virement...)
1						
2						
3						
4						
5						
6						
7						
8						
9						
10						
11						
12						
13						
14						
15						
16						
17						
18						
19						
20						
21						
22						
23						
24						
25						
26						
27						
28						
29						
30						
				Total		

Livre chronologique des recettes de l'auto-entrepreneuse **Période : ....**

Ligne	Date	Référence de la pièce	Client	Nature	Montant	Encaissement (espèces, chèque, virement...)
1						
2						
3						
4						
5						
6						
7						
8						
9						
10						
11						
12						
13						
14						
15						
16						
17						
18						
19						
20						
21						
22						
23						
24						
25						
26						
27						
28						
29						
30						
				Total		

Livre chronologique des recettes de l'auto-entrepreneuse **Période : ....**

Ligne	Date	Référence de la pièce	Client	Nature	Montant	Encaissement (espèces, chèque, virement...)
1						
2						
3						
4						
5						
6						
7						
8						
9						
10						
11						
12						
13						
14						
15						
16						
17						
18						
19						
20						
21						
22						
23						
24						
25						
26						
27						
28						
29						
30						
				Total		

Ligne	Date	Référence de la pièce	Client	Nature	Montant	Encaissement (espèces, chèque, virement...)
1						
2						
3						
4						
5						
6						
7						
8						
9						
10						
11						
12						
13						
14						
15						
16						
17						
18						
19						
20						
21						
22						
23						
24						
25						
26						
27						
28						
29						
30						
				Total		

Livre chronologique des recettes de l'auto-entrepreneuse **Période : ....**

Ligne	Date	Référence de la pièce	Client	Nature	Montant	Encaissement (espèces, chèque, virement...)
1						
2						
3						
4						
5						
6						
7						
8						
9						
10						
11						
12						
13						
14						
15						
16						
17						
18						
19						
20						
21						
22						
23						
24						
25						
26						
27						
28						
29						
30						
				Total		

Livre chronologique des recettes de l'auto-entrepreneuse **Période : ....**

Ligne	Date	Référence de la pièce	Client	Nature	Montant	Encaissement (espèces, chèque, virement...)
1						
2						
3						
4						
5						
6						
7						
8						
9						
10						
11						
12						
13						
14						
15						
16						
17						
18						
19						
20						
21						
22						
23						
24						
25						
26						
27						
28						
29						
30						
				Total		

Livre chronologique des recettes de l'auto-entrepreneuse   Période : ....

Ligne	Date	Référence de la pièce	Client	Nature	Montant	Encaissement (espèces, chèque, virement...)
1						
2						
3						
4						
5						
6						
7						
8						
9						
10						
11						
12						
13						
14						
15						
16						
17						
18						
19						
20						
21						
22						
23						
24						
25						
26						
27						
28						
29						
30						
				Total		

Livre chronologique des recettes de l'auto-entrepreneuse Période : ....

Ligne	Date	Référence de la pièce	Client	Nature	Montant	Encaissement (espèces, chèque, virement...)
1						
2						
3						
4						
5						
6						
7						
8						
9						
10						
11						
12						
13						
14						
15						
16						
17						
18						
19						
20						
21						
22						
23						
24						
25						
26						
27						
28						
29						
30						
				Total		

Livre chronologique des recettes de l'auto-entrepreneuse **Période : ....**

Ligne	Date	Référence de la pièce	Client	Nature	Montant	Encaissement (espèces, chèque, virement...)
1						
2						
3						
4						
5						
6						
7						
8						
9						
10						
11						
12						
13						
14						
15						
16						
17						
18						
19						
20						
21						
22						
23						
24						
25						
26						
27						
28						
29						
30						
				Total		

Livre chronologique des recettes de l'auto-entrepreneuse **Période : ....**

Ligne	Date	Référence de la pièce	Client	Nature	Montant	Encaissement (espèces, chèque, virement...)
1						
2						
3						
4						
5						
6						
7						
8						
9						
10						
11						
12						
13						
14						
15						
16						
17						
18						
19						
20						
21						
22						
23						
24						
25						
26						
27						
28						
29						
30						
				Total		

Livre chronologique des recettes de l'auto-entrepreneuse **Période : ....**

Ligne	Date	Référence de la pièce	Client	Nature	Montant	Encaissement (espèces, chèque, virement...)
1						
2						
3						
4						
5						
6						
7						
8						
9						
10						
11						
12						
13						
14						
15						
16						
17						
18						
19						
20						
21						
22						
23						
24						
25						
26						
27						
28						
29						
30						
				Total		

Livre chronologique des recettes de l'auto-entrepreneuse Période : ....

Ligne	Date	Référence de la pièce	Client	Nature	Montant	Encaissement (espèces, chèque, virement...)
1						
2						
3						
4						
5						
6						
7						
8						
9						
10						
11						
12						
13						
14						
15						
16						
17						
18						
19						
20						
21						
22						
23						
24						
25						
26						
27						
28						
29						
30						
				Total		

Livre chronologique des recettes de l'auto-entrepreneuse **Période : ....**

Ligne	Date	Référence de la pièce	Client	Nature	Montant	Encaissement (espèces, chèque, virement...)
1						
2						
3						
4						
5						
6						
7						
8						
9						
10						
11						
12						
13						
14						
15						
16						
17						
18						
19						
20						
21						
22						
23						
24						
25						
26						
27						
28						
29						
30						
				Total		

Livre chronologique des recettes de l'auto-entrepreneuse **Période : ....**

Ligne	Date	Référence de la pièce	Client	Nature	Montant	Encaissement (espèces, chèque, virement...)
1						
2						
3						
4						
5						
6						
7						
8						
9						
10						
11						
12						
13						
14						
15						
16						
17						
18						
19						
20						
21						
22						
23						
24						
25						
26						
27						
28						
29						
30						
				Total		

Livre chronologique des recettes de l'auto-entrepreneuse Période : ....

Ligne	Date	Référence de la pièce	Client	Nature	Montant	Encaissement (espèces, chèque, virement...)
1						
2						
3						
4						
5						
6						
7						
8						
9						
10						
11						
12						
13						
14						
15						
16						
17						
18						
19						
20						
21						
22						
23						
24						
25						
26						
27						
28						
29						
30						
				Total		

Livre chronologique des recettes de l'auto-entrepreneuse Période : ....

Ligne	Date	Référence de la pièce	Client	Nature	Montant	Encaissement (espèces, chèque, virement...)
1						
2						
3						
4						
5						
6						
7						
8						
9						
10						
11						
12						
13						
14						
15						
16						
17						
18						
19						
20						
21						
22						
23						
24						
25						
26						
27						
28						
29						
30						
				Total		

Livre chronologique des recettes de l'auto-entrepreneuse **Période : ....**

Ligne	Date	Référence de la pièce	Client	Nature	Montant	Encaissement (espèces, chèque, virement...)
1						
2						
3						
4						
5						
6						
7						
8						
9						
10						
11						
12						
13						
14						
15						
16						
17						
18						
19						
20						
21						
22						
23						
24						
25						
26						
27						
28						
29						
30						
				Total		

Livre chronologique des recettes de l'auto-entrepreneuse   Période : ....

Ligne	Date	Référence de la pièce	Client	Nature	Montant	Encaissement (espèces, chèque, virement...)
1						
2						
3						
4						
5						
6						
7						
8						
9						
10						
11						
12						
13						
14						
15						
16						
17						
18						
19						
20						
21						
22						
23						
24						
25						
26						
27						
28						
29						
30						
				Total		

Livre chronologique des recettes de l'auto-entrepreneuse   Période : ....

Ligne	Date	Référence de la pièce	Client	Nature	Montant	Encaissement (espèces, chèque, virement...)
1						
2						
3						
4						
5						
6						
7						
8						
9						
10						
11						
12						
13						
14						
15						
16						
17						
18						
19						
20						
21						
22						
23						
24						
25						
26						
27						
28						
29						
30						
				Total		

Livre chronologique des recettes de l'auto-entrepreneuse Période : ....

Ligne	Date	Référence de la pièce	Client	Nature	Montant	Encaissement (espèces, chèque, virement...)
1						
2						
3						
4						
5						
6						
7						
8						
9						
10						
11						
12						
13						
14						
15						
16						
17						
18						
19						
20						
21						
22						
23						
24						
25						
26						
27						
28						
29						
30						
				Total		

Livre chronologique des recettes de l'auto-entrepreneuse **Période : ....**

Ligne	Date	Référence de la pièce	Client	Nature	Montant	Encaissement (espèces, chèque, virement...)
1						
2						
3						
4						
5						
6						
7						
8						
9						
10						
11						
12						
13						
14						
15						
16						
17						
18						
19						
20						
21						
22						
23						
24						
25						
26						
27						
28						
29						
30						
				Total		

Livre chronologique des recettes de l'auto-entrepreneuse **Période : ....**

Ligne	Date	Référence de la pièce	Client	Nature	Montant	Encaissement (espèces, chèque, virement...)
1						
2						
3						
4						
5						
6						
7						
8						
9						
10						
11						
12						
13						
14						
15						
16						
17						
18						
19						
20						
21						
22						
23						
24						
25						
26						
27						
28						
29						
30						
				Total		

Livre chronologique des recettes de l'auto-entrepreneuse **Période : ....**

Ligne	Date	Référence de la pièce	Client	Nature	Montant	Encaissement (espèces, chèque, virement...)
1						
2						
3						
4						
5						
6						
7						
8						
9						
10						
11						
12						
13						
14						
15						
16						
17						
18						
19						
20						
21						
22						
23						
24						
25						
26						
27						
28						
29						
30						
				Total		

Livre chronologique des recettes de l'auto-entrepreneuse   Période : ....

Ligne	Date	Référence de la pièce	Client	Nature	Montant	Encaissement (espèces, chèque, virement...)
1						
2						
3						
4						
5						
6						
7						
8						
9						
10						
11						
12						
13						
14						
15						
16						
17						
18						
19						
20						
21						
22						
23						
24						
25						
26						
27						
28						
29						
30						
				Total		

Livre chronologique des recettes de l'auto-entrepreneuse **Période : ....**

Ligne	Date	Référence de la pièce	Client	Nature	Montant	Encaissement (espèces, chèque, virement...)
1						
2						
3						
4						
5						
6						
7						
8						
9						
10						
11						
12						
13						
14						
15						
16						
17						
18						
19						
20						
21						
22						
23						
24						
25						
26						
27						
28						
29						
30						
				Total		

Ligne	Date	Référence de la pièce	Client	Nature	Montant	Encaissement (espèces, chèque, virement...)
1						
2						
3						
4						
5						
6						
7						
8						
9						
10						
11						
12						
13						
14						
15						
16						
17						
18						
19						
20						
21						
22						
23						
24						
25						
26						
27						
28						
29						
30						
				Total		

Livre chronologique des recettes de l'auto-entrepreneuse Période : ....

Ligne	Date	Référence de la pièce	Client	Nature	Montant	Encaissement (espèces, chèque, virement...)
1						
2						
3						
4						
5						
6						
7						
8						
9						
10						
11						
12						
13						
14						
15						
16						
17						
18						
19						
20						
21						
22						
23						
24						
25						
26						
27						
28						
29						
30						
				Total		

Livre chronologique des recettes de l'auto-entrepreneuse **Période : ....**

Ligne	Date	Référence de la pièce	Client	Nature	Montant	Encaissement (espèces, chèque, virement...)
1						
2						
3						
4						
5						
6						
7						
8						
9						
10						
11						
12						
13						
14						
15						
16						
17						
18						
19						
20						
21						
22						
23						
24						
25						
26						
27						
28						
29						
30						
				Total		

Livre chronologique des recettes de l'auto-entrepreneuse **Période : ....**

Ligne	Date	Référence de la pièce	Client	Nature	Montant	Encaissement (espèces, chèque, virement...)
1						
2						
3						
4						
5						
6						
7						
8						
9						
10						
11						
12						
13						
14						
15						
16						
17						
18						
19						
20						
21						
22						
23						
24						
25						
26						
27						
28						
29						
30						
				Total		

Livre chronologique des recettes de l'auto-entrepreneuse   Période : ....

Ligne	Date	Référence de la pièce	Client	Nature	Montant	Encaissement (espèces, chèque, virement...)
1						
2						
3						
4						
5						
6						
7						
8						
9						
10						
11						
12						
13						
14						
15						
16						
17						
18						
19						
20						
21						
22						
23						
24						
25						
26						
27						
28						
29						
30						
				Total		

Livre chronologique des recettes de l'auto-entrepreneuse **Période : ....**

Ligne	Date	Référence de la pièce	Client	Nature	Montant	Encaissement (espèces, chèque, virement...)
1						
2						
3						
4						
5						
6						
7						
8						
9						
10						
11						
12						
13						
14						
15						
16						
17						
18						
19						
20						
21						
22						
23						
24						
25						
26						
27						
28						
29						
30						
				Total		

Livre chronologique des recettes de l'auto-entrepreneuse **Période : ....**

Ligne	Date	Référence de la pièce	Client	Nature	Montant	Encaissement (espèces, chèque, virement...)
1						
2						
3						
4						
5						
6						
7						
8						
9						
10						
11						
12						
13						
14						
15						
16						
17						
18						
19						
20						
21						
22						
23						
24						
25						
26						
27						
28						
29						
30						
				Total		

Livre chronologique des recettes de l'auto-entrepreneuse **Période : ....**

Ligne	Date	Référence de la pièce	Client	Nature	Montant	Encaissement (espèces, chèque, virement...)
1						
2						
3						
4						
5						
6						
7						
8						
9						
10						
11						
12						
13						
14						
15						
16						
17						
18						
19						
20						
21						
22						
23						
24						
25						
26						
27						
28						
29						
30						
				Total		

Livre chronologique des recettes de l'auto-entrepreneuse   Période : ....

Ligne	Date	Référence de la pièce	Client	Nature	Montant	Encaissement (espèces, chèque, virement...)
1						
2						
3						
4						
5						
6						
7						
8						
9						
10						
11						
12						
13						
14						
15						
16						
17						
18						
19						
20						
21						
22						
23						
24						
25						
26						
27						
28						
29						
30						
				Total		

Livre chronologique des recettes de l'auto-entrepreneuse Période : ....

Ligne	Date	Référence de la pièce	Client	Nature	Montant	Encaissement (espèces, chèque, virement...)
1						
2						
3						
4						
5						
6						
7						
8						
9						
10						
11						
12						
13						
14						
15						
16						
17						
18						
19						
20						
21						
22						
23						
24						
25						
26						
27						
28						
29						
30						
				Total		

Livre chronologique des recettes de l'auto-entrepreneuse **Période : ....**

Ligne	Date	Référence de la pièce	Client	Nature	Montant	Encaissement (espèces, chèque, virement...)
1						
2						
3						
4						
5						
6						
7						
8						
9						
10						
11						
12						
13						
14						
15						
16						
17						
18						
19						
20						
21						
22						
23						
24						
25						
26						
27						
28						
29						
30						
				Total		

Livre chronologique des recettes de l'auto-entrepreneuse **Période : ....**

Ligne	Date	Référence de la pièce	Client	Nature	Montant	Encaissement (espèces, chèque, virement...)
1						
2						
3						
4						
5						
6						
7						
8						
9						
10						
11						
12						
13						
14						
15						
16						
17						
18						
19						
20						
21						
22						
23						
24						
25						
26						
27						
28						
29						
30						
				Total		

Livre chronologique des recettes de l'auto-entrepreneuse   Période : ....

Ligne	Date	Référence de la pièce	Client	Nature	Montant	Encaissement (espèces, chèque, virement...)
1						
2						
3						
4						
5						
6						
7						
8						
9						
10						
11						
12						
13						
14						
15						
16						
17						
18						
19						
20						
21						
22						
23						
24						
25						
26						
27						
28						
29						
30						
				Total		

Livre chronologique des recettes de l'auto-entrepreneuse Période : ....

Ligne	Date	Référence de la pièce	Client	Nature	Montant	Encaissement (espèces, chèque, virement...)
1						
2						
3						
4						
5						
6						
7						
8						
9						
10						
11						
12						
13						
14						
15						
16						
17						
18						
19						
20						
21						
22						
23						
24						
25						
26						
27						
28						
29						
30						
				Total		

Livre chronologique des recettes de l'auto-entrepreneuse   Période : ....

Ligne	Date	Référence de la pièce	Client	Nature	Montant	Encaissement (espèces, chèque, virement...)
1						
2						
3						
4						
5						
6						
7						
8						
9						
10						
11						
12						
13						
14						
15						
16						
17						
18						
19						
20						
21						
22						
23						
24						
25						
26						
27						
28						
29						
30						
				Total		

Livre chronologique des recettes de l'auto-entrepreneuse **Période : ....**

Ligne	Date	Référence de la pièce	Client	Nature	Montant	Encaissement (espèces, chèque, virement...)
1						
2						
3						
4						
5						
6						
7						
8						
9						
10						
11						
12						
13						
14						
15						
16						
17						
18						
19						
20						
21						
22						
23						
24						
25						
26						
27						
28						
29						
30						
				Total		

Livre chronologique des recettes de l'auto-entrepreneuse **Période : ....**

Ligne	Date	Référence de la pièce	Client	Nature	Montant	Encaissement (espèces, chèque, virement...)
1						
2						
3						
4						
5						
6						
7						
8						
9						
10						
11						
12						
13						
14						
15						
16						
17						
18						
19						
20						
21						
22						
23						
24						
25						
26						
27						
28						
29						
30						
				Total		

Livre chronologique des recettes de l'auto-entrepreneuse **Période : ....**

Ligne	Date	Référence de la pièce	Client	Nature	Montant	Encaissement (espèces, chèque, virement...)
1						
2						
3						
4						
5						
6						
7						
8						
9						
10						
11						
12						
13						
14						
15						
16						
17						
18						
19						
20						
21						
22						
23						
24						
25						
26						
27						
28						
29						
30						
				Total		

Livre chronologique des recettes de l'auto-entrepreneuse Période : ....

Ligne	Date	Référence de la pièce	Client	Nature	Montant	Encaissement (espèces, chèque, virement...)
1						
2						
3						
4						
5						
6						
7						
8						
9						
10						
11						
12						
13						
14						
15						
16						
17						
18						
19						
20						
21						
22						
23						
24						
25						
26						
27						
28						
29						
30						
				Total		

Livre chronologique des recettes de l'auto-entrepreneuse **Période : ....**

Ligne	Date	Référence de la pièce	Client	Nature	Montant	Encaissement (espèces, chèque, virement...)
1						
2						
3						
4						
5						
6						
7						
8						
9						
10						
11						
12						
13						
14						
15						
16						
17						
18						
19						
20						
21						
22						
23						
24						
25						
26						
27						
28						
29						
30						
				Total		

Livre chronologique des recettes de l'auto-entrepreneuse Période : ....

Ligne	Date	Référence de la pièce	Client	Nature	Montant	Encaissement (espèces, chèque, virement...)
1						
2						
3						
4						
5						
6						
7						
8						
9						
10						
11						
12						
13						
14						
15						
16						
17						
18						
19						
20						
21						
22						
23						
24						
25						
26						
27						
28						
29						
30						
				Total		

Livre chronologique des recettes de l'auto-entrepreneuse **Période : ....**

Ligne	Date	Référence de la pièce	Client	Nature	Montant	Encaissement (espèces, chèque, virement...)
1						
2						
3						
4						
5						
6						
7						
8						
9						
10						
11						
12						
13						
14						
15						
16						
17						
18						
19						
20						
21						
22						
23						
24						
25						
26						
27						
28						
29						
30						
				Total		

Livre chronologique des recettes de l'auto-entrepreneuse **Période : ....**

Ligne	Date	Référence de la pièce	Client	Nature	Montant	Encaissement (espèces, chèque, virement...)
1						
2						
3						
4						
5						
6						
7						
8						
9						
10						
11						
12						
13						
14						
15						
16						
17						
18						
19						
20						
21						
22						
23						
24						
25						
26						
27						
28						
29						
30						
				Total		

Livre chronologique des recettes de l'auto-entrepreneuse **Période : ....**

Ligne	Date	Référence de la pièce	Client	Nature	Montant	Encaissement (espèces, chèque, virement...)
1						
2						
3						
4						
5						
6						
7						
8						
9						
10						
11						
12						
13						
14						
15						
16						
17						
18						
19						
20						
21						
22						
23						
24						
25						
26						
27						
28						
29						
30						
				Total		

Livre chronologique des recettes de l'auto-entrepreneuse **Période : ....**

Ligne	Date	Référence de la pièce	Client	Nature	Montant	Encaissement (espèces, chèque, virement...)
1						
2						
3						
4						
5						
6						
7						
8						
9						
10						
11						
12						
13						
14						
15						
16						
17						
18						
19						
20						
21						
22						
23						
24						
25						
26						
27						
28						
29						
30						
				Total		

Livre chronologique des recettes de l'auto-entrepreneuse **Période : ....**

Ligne	Date	Référence de la pièce	Client	Nature	Montant	Encaissement (espèces, chèque, virement...)
1						
2						
3						
4						
5						
6						
7						
8						
9						
10						
11						
12						
13						
14						
15						
16						
17						
18						
19						
20						
21						
22						
23						
24						
25						
26						
27						
28						
29						
30						
				Total		

Livre chronologique des recettes de l'auto-entrepreneuse Période : ....

Ligne	Date	Référence de la pièce	Client	Nature	Montant	Encaissement (espèces, chèque, virement...)
1						
2						
3						
4						
5						
6						
7						
8						
9						
10						
11						
12						
13						
14						
15						
16						
17						
18						
19						
20						
21						
22						
23						
24						
25						
26						
27						
28						
29						
30						
				Total		

Livre chronologique des recettes de l'auto-entrepreneuse **Période : ....**

Ligne	Date	Référence de la pièce	Client	Nature	Montant	Encaissement (espèces, chèque, virement...)
1						
2						
3						
4						
5						
6						
7						
8						
9						
10						
11						
12						
13						
14						
15						
16						
17						
18						
19						
20						
21						
22						
23						
24						
25						
26						
27						
28						
29						
30						
				Total		

Livre chronologique des recettes de l'auto-entrepreneuse Période : ....

Ligne	Date	Référence de la pièce	Client	Nature	Montant	Encaissement (espèces, chèque, virement...)
1						
2						
3						
4						
5						
6						
7						
8						
9						
10						
11						
12						
13						
14						
15						
16						
17						
18						
19						
20						
21						
22						
23						
24						
25						
26						
27						
28						
29						
30						
				Total		

Livre chronologique des recettes de l'auto-entrepreneuse **Période : ....**

Ligne	Date	Référence de la pièce	Client	Nature	Montant	Encaissement (espèces, chèque, virement...)
1						
2						
3						
4						
5						
6						
7						
8						
9						
10						
11						
12						
13						
14						
15						
16						
17						
18						
19						
20						
21						
22						
23						
24						
25						
26						
27						
28						
29						
30						
				Total		

Livre chronologique des recettes de l'auto-entrepreneuse Période : ....

Ligne	Date	Référence de la pièce	Client	Nature	Montant	Encaissement (espèces, chèque, virement...)
1						
2						
3						
4						
5						
6						
7						
8						
9						
10						
11						
12						
13						
14						
15						
16						
17						
18						
19						
20						
21						
22						
23						
24						
25						
26						
27						
28						
29						
30						
				Total		

www.ingramcontent.com/pod-product-compliance
Lightning Source LLC
Chambersburg PA
CBHW080605180526
45168CB00007B/2792
* 9 7 8 1 5 1 7 4 2 4 6 6 4 *